前言

想開始網上生意？但不清楚該如何開始第一步？

本書將會是你的網上生意指南，帶你了解網上生意世界和需要知道的事情。

本書會分兩部份，第一部份會打破大家對網上生意的迷思，讓你更踏實去明白到網上生意是怎樣的情況。

第二部份會一步一步的讓你了解如何建立網上生意的基礎，讓你有計劃地去開始你的生意！

讓這本書為你打開通往網上世界的生意大門吧！

打破你對網上生意的迷思

打破迷思 1: 網上生意真的好嗎?

你應該有聽人說過: 「做網上生意好啊! 簡直是"完美生活"! 又方便, 時間又自由,
能選擇在家工作, 甚至去旅行時也能管理生意! 還不快點踏足網上生意?」
究竟...網上生意是否真的這麼美好呢?

對不起, 我將要打破你美好的幻想了。

我想你開始網上生意前, 清楚了解它的好與壞, 讓你在決定開始前有所計劃和準備。

在網上生意世界, 不是想像中那麼
美好, 就像現實生意世界一樣,
網上都是充滿黑客、騙子、病毒...
一個不小心可能整個網址就沒有
了, 甚至客戶會因錯誤而流失,
亦有機會遇上錢財的損失!

你剛剛在腦海是不是在想: 既然網上這麼「恐佈」, 我還是不要去開始好了...

我不是想嚇怕你, 但是如果我們不知道其中的危險性, 把事情想得太美好,
而沒有任何計劃去保護自己的話, 就好像裸體站在零下-30度的雪地上, 會被傷得很重!

幸好的是, 今天你不會脫光光衝出去
雪地 (或者你是勇者想去挑戰的話...),
因為我將會告訴你該如何去準備和計
劃, 讓你最直接最簡單開始你第一次
的網上生意!

打破迷思2: 有人真的會從網上購買嗎?

在你不察覺的情況下，其實網上世界已經與我們的生活融入了，信用卡、
網上銀行、電子郵件、通訊軟件、手提電話、看影片、看電視、叫外賣、
買機票、預約酒店...生活中我們已經慢慢被網上佔據了。

我們未來只會更依賴，因為當我們享受
過網上世界所帶來的方便和快速後，
根本沒可能再回去那些年代要一早去排
隊處理銀行事務、或是在電話旁等上好
幾個小時想去跟 服務部詢問等等...
(當然，你還是會遇到一些生意還正處
於傳統服務年代...)

既然網上世界已經變成生活不可或缺的一部份，
這就是為甚麼你今天要開始網上生意，又或是把現有的生意發展網上。

記得一點，網上生意並不是給你甚麼"完美的生活"
(當然成功的網上生意，是真的帶來上面提及的完美生活)，
網上生意是未來"**必需要**"的發展方向，就像現在做生意信用卡收款是必備一樣。

網上生意已經改變了我們購買的習慣，每個人想買一件產品前，
都會先從網上搜尋最近的商鋪，又或是直接網上找最好的和郵寄最快的去購買。

網上生意是未來
"必需要"的發展方向

資料來源：Hootsuite

根據年月最新的全球網上報告顯示，

全球的70億人口裡，有58.4%每星期何網上購物。

而且每年數字都在上升至少10%，你可以想像得到，

未來網上生意將會是很普遍的日常生活服務之一。

打破迷思3: 一定要達到最前線最新的技術嗎?

很多人卻步不去開始網上生意，其中一個原因是覺得:「我根本跟不上現在的最新資訊、科技和技術，趕不及開始的了，我還是放棄吧!」

你需要在你的專業和行業裡緊貼最新的資訊和技術，但在建立網上生意的過程上，你只需要建立在已經穩定存在而且有大量用家的平台上就已經足夠去開始。

不要再浪費大量時間去尋找或學習最新的技術或平台，因為你最終的目的是，立即建立網上生意!

當你建立了第一個網上平台，慢慢地你再去更新或學習。但因為網上世界發展太快，除非你是做科技的行業外，其實不需要特別去把每一個創新的技術都立即使用，你只需要選擇一個現在能令你立即開始，而且配合到你生意模式的網上平台/系統去開始。

在一個已經成熟的平台上建立網上生意，
好處是:

- 已經擁有穩定的用家
- 系統比較穩定
- 有成功例子可供參巧和學習
- 可以尋找到這平台的專業人士幫忙

如何選擇銷售平台呢?

銷售平台最主要分3大關鍵元素：用家的方便性，收費系統，安全性

1) 用家的方便性 (User-Friendly)

選擇銷售平台，不只是我們容易處理上架、修改、收費等等的步驟，整個平台對客戶也是要非常的方便，系統要簡潔順暢地帶領著客人購買成功。

如果客戶需要尋找如何購買，又或是要加入會員/建立用戶才能購買的話，太過繁復只會令到客戶的購買慾望下降，而流失了這一次的銷售機會。

在選擇銷售平台時，先以客戶的角度去使用，看看是否方便而且購買過程簡單。

熱門的銷售平台

銷售平台

銷售平台是一個渠道去讓客戶購買你的產品/服務，就等於實體店的店面和收費系統。

當客戶從推廣平台留意到你的產品/服務後，下一步當然是查看你的產品，看看是否適合然後購買。而客戶的需求其實很簡單，快速直接的購買成功！

客戶已經從推廣平台上被你的產品吸引，所以一個好的銷售平台不是更詳細去解釋產品，而是有一個完整流暢的系統讓客戶簡單地購買到你所推廣的產品。

選擇銷售平台
3大關鍵元素：

安全性

收費系統

用家的方便性

打破迷思4: 網上生意真的零成本開始嗎?

你應該聽過無數的廣告或身邊的朋友跟你說，
網上生意很簡單的，
不需要成本就可以開始了！

但是，真的有這麼"著數"的事情嗎?
零成本就能開始了? 太夢幻了吧！?

如果真的是零成本的話，我相信今天你
身邊很多人都應該是網上企業家或已經
有網上生意了，但事實上並不是。

做生意，無論是傳統實體店的生意；還是網上生意，「成本」是必需的。差別在於，
要高成本還是低成本去開始生意。而網上生意是屬於後者。
但低成本並不代表零成本，請大家緊記這一點。

> 無論是
> 傳統實體店的生意；
> 還是網上生意，
> 「成本」是必需的。

BUDGET

那麼網上生意，有甚麼成本需要預備呢?
以下是一個基本Start Up Checklist給你參考
(價錢根據2022年2月的價位作範例)
讓你有一個預算去準備開始網上生意

基本Start Up預算 Checklist

	需要程度(1-10)	價錢範圍
手機	10	3500-12000 HKD
電腦	8	3500-12000 HKD
網絡費用	10	300-500 HKD（每月）
實用Apps	7	100-300 HKD（每月）
網站系統	7	300-700 HKD（每月）
手機支架	5	100-200 HKD
麥克風（Mic）	6	100-300 HKD
相機	5	3000-13000 HKD
記憶卡	5	100-300 HKD
USB線	5	100-300 HKD

(價錢參考時間：2022年2月份)

以上價錢只供參考，要因應你的需求，產品牌子，
你所在地區，和產品質素而不同。

價錢只供參考，要因應你的需求，
產品牌子，你所在地區，和產品質素而不同。

打破迷思5:網上生意不用打理就會自動運行的嗎?

很多人都以為網上生意不用花時間去打理，建立了網上系統後，
就自然會自動經營和銷售。

很多人因為抱著這個想法去開始網上生意，開完一個網上平台後，
就任由它放著，但當日子一天天過去，發覺沒有任何交易發生，
就覺得網上生意是不行的方法，最後他們中途放棄辛苦建立的網上生意...

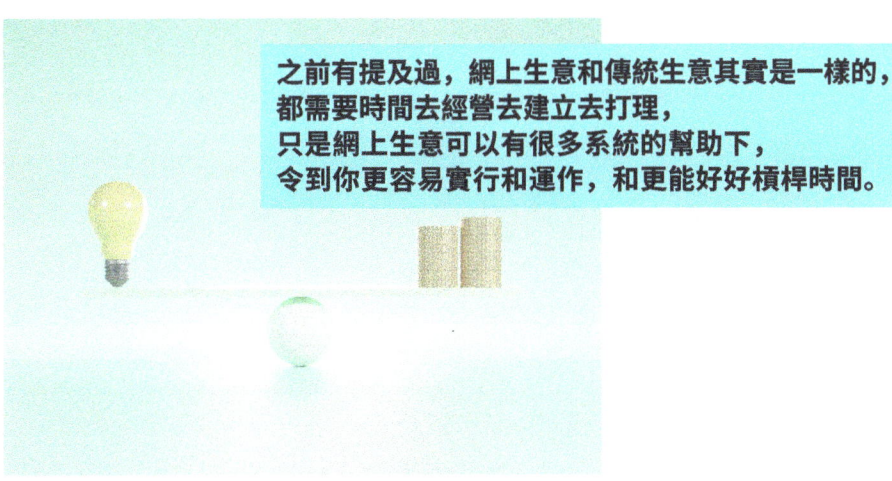

之前有提及過，網上生意和傳統生意其實是一樣的，
都需要時間去經營去建立去打理，
只是網上生意可以有很多系統的幫助下，
令到你更容易實行和運作，和更能好好槓桿時間。

剛開始網上生意時，一定要安排每天最少2-3小時去營運和管理網上的平台，
在Step by Step內容裡會再詳細說明如何去營運和管理。

網上生意和傳統生意
其實是一樣的，
都需要時間去經營
去建立去打理

打破迷思6: 網上生意會一夜致富?

這個想法非常的錯誤! 沒有一個生意令你一夜致富的。你會說「不是喝，我看到新聞那些人炒比特幣Bitcon，或是NFT賣圖，一夜就賺百多萬，這不是網上生意的威力嗎?」

在網上世界，應該說無論在現實還是網上世界裡，也許會出現很罕有的事件而令到你一夜致富，但是那些從網上可以短時間賺到大錢的，其實你沒有看到他們背後的努力。

例如對該市場作出長時間和深入研究才去發展/開始，每天堅持和經營自己的網上平台直到被吸引大量受眾...等等

當然，網上生意營運上在多方面來說，比例上都比實體店快一點賺本錢，但大前題是要把基礎好好建立，我會在Step By Step內容裡寫下建立網上生意基礎。

沒有一個生意令你一夜致富的

Step by Step來開始吧!

這一章節將會一步一步,帶你開始你的網上生意!

Step 01: 選擇"一組"平台去開始

甚麼是"一組"平台?

網上生意必需要有"推廣平台"和"銷售平台"，缺一不可！就像實體店生意，
需要有好的地段吸引人流同時間也需要有一間店面去銷售產品。

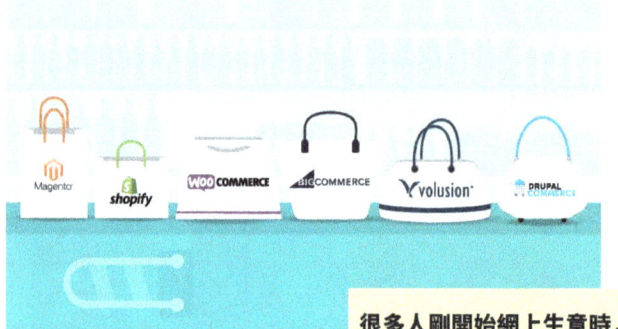

很多人剛開始網上生意時，都只著重於「銷售平台」，
而大家亦花很多時間心思和資金去專注建立一個銷售平
台，你也許擁有一個完美的平台，內裡的設計和系統都
很完善，但是...人流呢?

就像你擁有一間完美裝潢設計的商店，聘請最好的員工，但是沒有人流，
沒人流等於沒有銷售...所以，我今天要教如何選擇"一組"平台去開始你的網上生意。

推廣平台

推廣平台的作用是接觸你的
潛在客戶，用於建立你的品
牌，讓你的產品和服務可以
帶給更多人了解和認識。
選擇一個對的推廣平台是非
常重要，因為這個平台將會
是能否接觸到客戶的關鍵。

大膽地出Post，細心地留意反應

網上生意不可缺少的就是"推廣"，而建立推廣平台，就需要大量有價值的內容去吸引潛在客戶。

但是你的客戶喜歡甚麼內容呢？

這裡先停一下... 不要太過於深入思考，不然你的第一個post永遠都出不到... 我們先大膽地推出第一個post，建議是自我介紹類別，例如說一下自己的故事，或是公司的理念等等。

建立推廣平台需要時間，而每一個Post就是建立平台的磚塊，要每天最少建立一個磚塊(一個Post)，如果你太思前想後，建立平台的速度就會放慢。

先大膽出不同類型的post，讓自己習慣出post的感覺，同時間留意平台上受眾的反應，看看有哪類型的post比較吸引，然後再設定這類型的post的比例，我會在打後的步驟裡教你簡單的分析數據和推廣方法。

相信自己的獨特性

除了大膽地出Post外，亦要大膽地表達自己和創造自己的獨特性。

剛剛開始建立推廣平台時，我們或多或少都會參巧別人的出post方法，但慢慢習慣出post的過程後，我們就要創造自己獨特性或是堅持自己的獨特性。

要與客戶建立信任關係，就要真誠地表達自己，因為客戶是因為相信你而購買你所推廣的產品和服務。 所以，大膽地用自己方式去表達，相信自己的獨特性！

創造和堅持
自己的獨特性

Step 03: 膽大心細去建立平台

不要怕、勇敢地Click下去

你不需要是一個IT天才去開始網上生意，
但是你需要有一個勇敢嘗試的心態。

剛開始建立推廣平台和銷售平台，因為陌生，你或
許會很害怕去click其它步驟，怕亂按會令電腦壞
掉，又或是整個系統錯誤等等。事實上，按進去查
看每一個步驟或每一個設定，不會令到系統壞掉，
所以勇敢地把平台上的每一個設定都看一下，了解
設定的位置，又或是有甚麼功能你或許會使用得
到，有不明白的功能，通常在旁邊會有一個圓圈(i)
或(?)的圖案，click下去會看到說明。

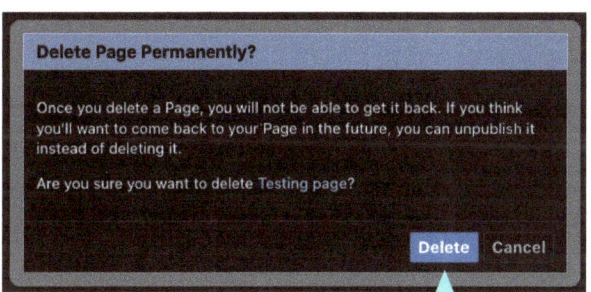

Delete Page Permanently?

Once you delete a Page, you will not be able to get it back. If you think
you'll want to come back to your Page in the future, you can unpublish it
instead of deleting it.

Are you sure you want to delete Testing page?

Delete Cancel

剛開始建立平台有一個優勢是，如果真的亂按而
令到設定錯誤，最壞打算就是棄掉整個平台再
重新建立，而因為平台才剛建立，就算重新來過
都不會影響太大(例如人流或推廣計劃等等)。

但如果當你的平台已建立一段時間，而那時
候才因不了解平台而按錯的話，那麼重新來
過就會變成損失較大。

Step 02: Start Up**基本設備**

做網上生意，和一般生意一樣，都要準備好基本設備才能順利開始，就好像你要開餐廳，需要基本設備例如廚房、碗碟、檯凳等等。

1) 智能手機

雖然現在每個人都有手機，又或是智能手機，但不是每一部手機都適合處理網上生意所需要的軟件(Apps)或系統，如果想更方便處理網上生意，建議先簡單地升級手機，例如新一些的型號，容量提升、速度較快和鏡頭像素清楚(這個很重要，因為影片和相片是推廣產品很重要的一環)。

2) 電腦

現在很多事情在手機上可以處理，所以很多人已經沒有在用電腦了，但如果你想開始網上生意，一部電腦真的非常重要。因為推廣平台和銷售平台裡有很多設定只能於電腦裡才能修改，始終手機的系統處理還未能完全取替電腦。根據你本身的需求，不一定很高級的電腦，現在一般文書處理的電腦都已經足夠，未來再根據使用度或需求再慢慢升級。

3) 手機支架(拍攝用)

因為要經常製作影片，一個支架會令影片的穩定和角度看起來更專業。因為很多人剛開始時都沒有想到要買支架，而徒手拿著手機拍攝時，因為手會動，而影片就會變得模糊，令影片不夠吸引。又或者在家裡找不到地方放置手機拍攝，過高或過底的角度，令影片質素下降。

4) 麥克風 Mic

建立推廣平台時，影片和直播是必需的，所以我把麥克風設定為基本設備，你不需要購買非常專業的，只需要普通能貼身收音和隔除一些雜音就已經足夠。

3) 安全性

銷售平台除了金錢交易外，根據不同的產品類型，有些我們會收取客人的資料
(電郵、電話等等)

所以，整個銷售平台的安全性都很重要，雖然坊間有很多免費的銷售平台，但選擇一個有保障雙方的平台很重要，這會關乎到客戶對你的信任。

一旦因為選擇了錯的平台，而令到客戶的資料流 失，你辛苦建立的網上生意亦可能大受影響。

2) 收費系統

不同銷售平台所能支援的收費系統都不一樣，要根據你公司所使用的收費模式，又或是大眾習慣的收費模式，例如信用卡、Paypal等等。

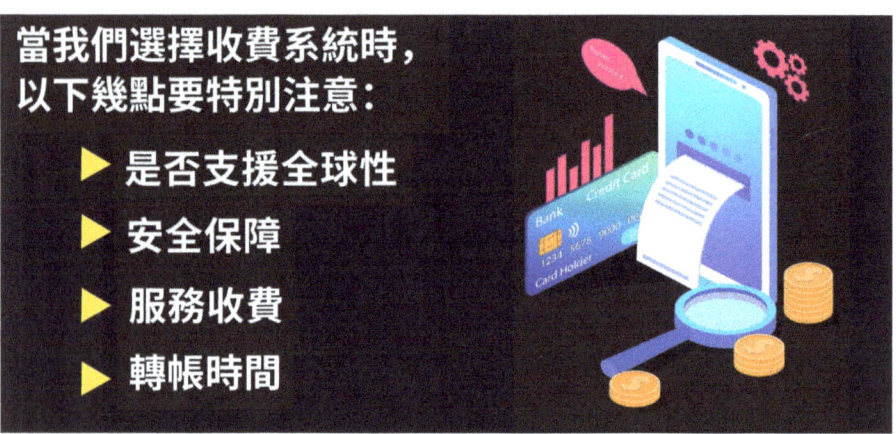

牽涉到金錢交易和個人資料，都一定要非常注重安全性，特別是網上有很多新聞關於網上騙案或收費錯誤等等。對客戶來說一個安全的收費系統能夠令他們更放心購買。

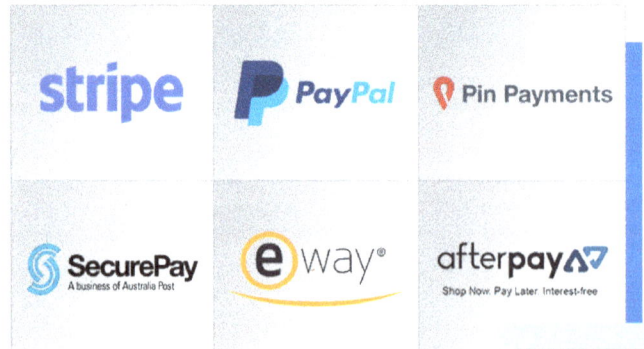

選擇認受性強的系統，即是一般網站系統接受的收費系統(例如Stripe, Paypal)，因為如果一般網站系統都不接受的收費系統，那麼這些收費系統就要小心。

如何選擇推廣平台呢?

隨著時代進步，不同類型的推廣平台一直增加，(可能當你今天讀著這文章的時候，Facebook或許已被取代了)，隨著時代改變，這些平台會不斷地出現和淘汰，就像以前由ICQ -> Messenger -> Facebook，到今天出現了Snapchat、Twitter等等，未來也許更會出現甚麼元宇宙平台、虛擬世界商店…

推廣平台這麼多元化，這麼多不同類型，究竟如何選擇? 而且未來也會有不同推廣平台出現，那是否一直要轉換平台? 跟貼最新的?

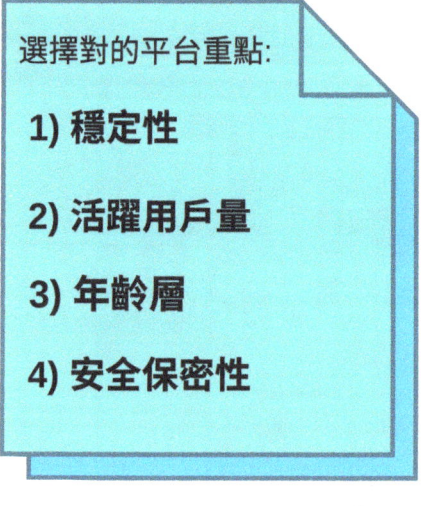

選擇對的平台重點:

1) 穩定性

2) 活躍用戶量

3) 年齡層

4) 安全保密性

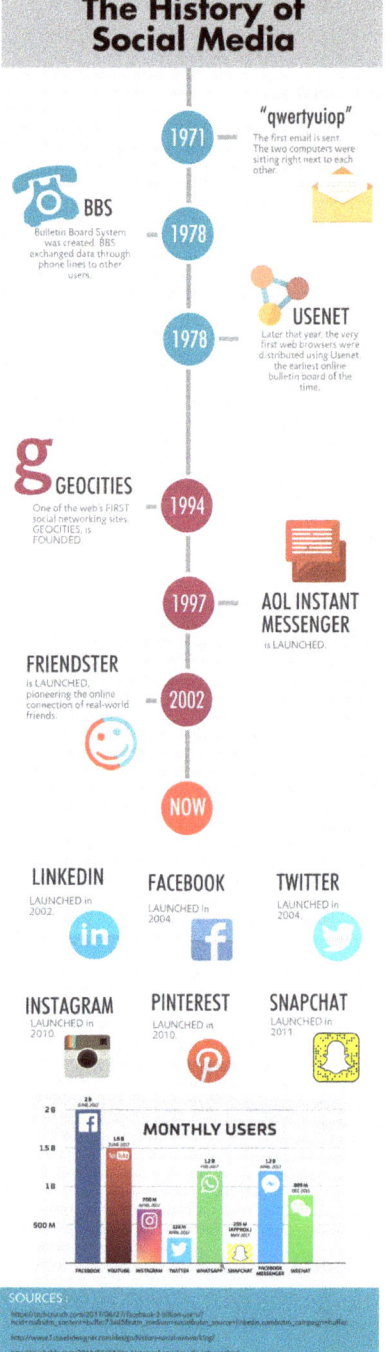

1) 穩定性

首先，我們要觀察和分析這一個推廣平台是否穩定，會不會一兩天就會斷線，不能登入，資訊流失等等。如果平台不穩定，會影響到人流的接觸率，會令到客戶流失，亦因為不穩定，會有機會浪費了你花盡心機所推廣的文章或影片。

所以，選擇平台時可以先花一點點時間做資料搜集，但如果真的很急切，建議選擇當下已經存在一段時間，且人數穩定的平台(例如Facebook)先開始第一步。

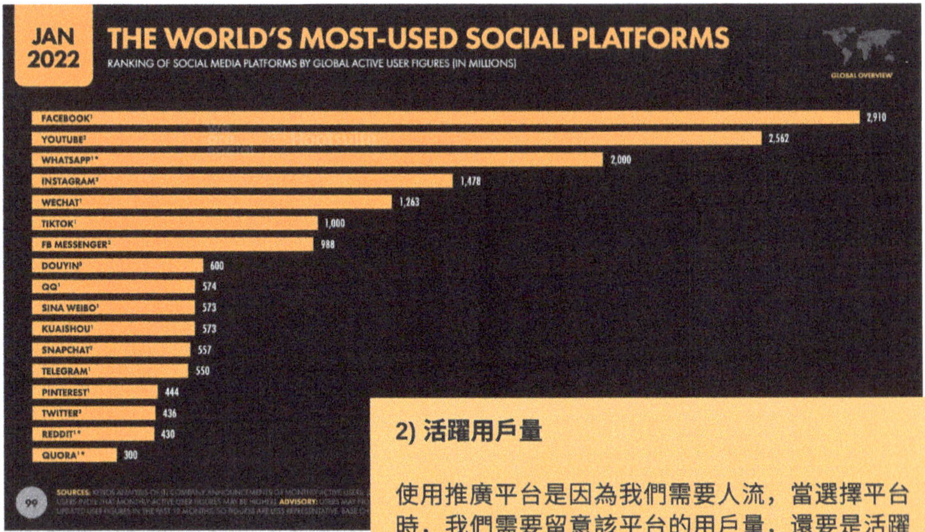

JAN 2022

THE WORLD'S MOST-USED SOCIAL PLATFORMS

RANKING OF SOCIAL MEDIA PLATFORMS BY GLOBAL ACTIVE USER FIGURES (IN MILLIONS)

GLOBAL OVERVIEW

Platform	Users (millions)
FACEBOOK[1]	2,910
YOUTUBE[2]	2,562
WHATSAPP[1][*]	2,000
INSTAGRAM[2]	1,478
WECHAT[1]	1,263
TIKTOK[1]	1,000
FB MESSENGER[2]	988
DOUYIN[3]	600
QQ[1]	574
SINA WEIBO[1]	573
KUAISHOU[1]	573
SNAPCHAT[1]	557
TELEGRAM[1]	550
PINTEREST[1]	444
TWITTER[1]	436
REDDIT[1][*]	430
QUORA[1][*]	300

資料來源: Hootsuite

2) 活躍用戶量

使用推廣平台是因為我們需要人流，當選擇平台時，我們需要留意該平台的用戶量，還要是活躍的用戶量。

因為很多平台可能已經存在一段長日子，雖然有穩定性，登記的用戶量也不少，但這個平台可能已經不再活躍了。(例如很多大型討論區用戶量很多，但活躍度已經大不如前)

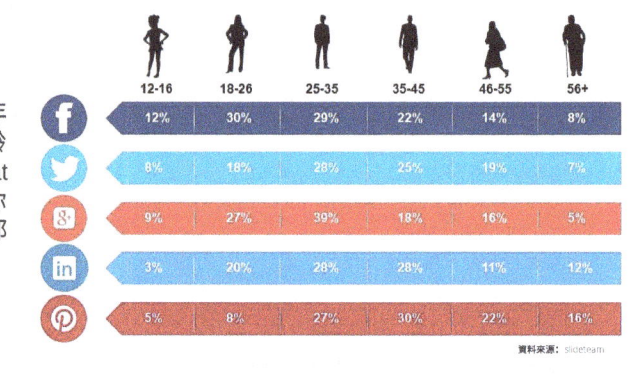

Age Demographics of Social Media Users

3) 年齡層

每一個推廣平台都有一定的年齡層用戶(例如Facebook年齡層大約是25-55，而Snapchat是13-20歲)，你要先了解你現在的產品/服務想要推廣給那個年齡層的客戶。

最簡單去分析你所需要的年齡層方法是，看看現在已跟你購買的年齡層是那個範圍，通常我們會把年齡層分5年或10年一組(15-20歲，或是25-35歲)，記得是有購買能力的年齡層。

如果你的產品/服務目標客戶是小朋友5-10歲，你不會跑去小朋友的遊戲平台推廣，因為購買者是家長們，我們要找到這一批有購買能力的家長們的年齡層，再分析他們活躍於哪個平台。

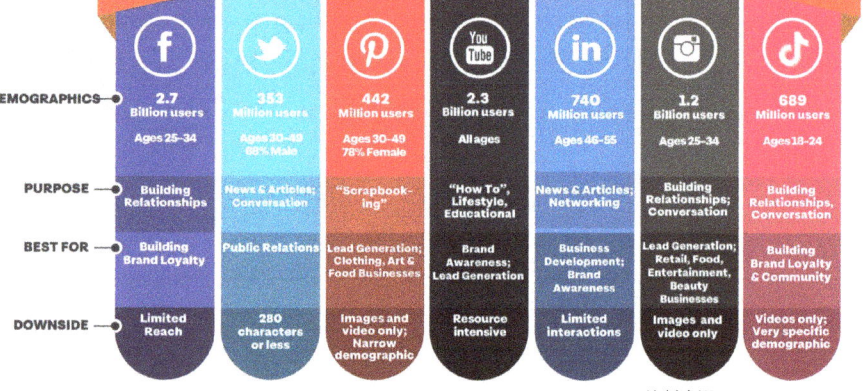

資料來源: aofung.org

4) 安全保密性

網上的安全保密是你的客戶最在意的一部份，你要確保你所選擇的推廣平台有足夠的安全系統和保密條款，去保障你自身的資料和客戶的資料。

一般現在的推廣平台(Facebook, Youtube等)都擁有良好的和穩定的安全系統，例如要雙重認證登入。雖然，網上世界還是充滿著黑客和資訊洩漏的危機(就算大銀行也發生過資料洩漏的事件)，有些事情我們也許不能完全控制，但可以盡量避免，所以選擇一個已經建立安全保密系統的平台非常重要。

有些事情我們也許不能完全控制，但可以盡量避免，所以選擇一個已經建立了安全保密系統的平台非常重要。

Step 04: 推廣、管理和經營的時間分配

推廣方法

在推廣平台上銷售你的產品/服務，可簡單分類成以下的推廣方法。

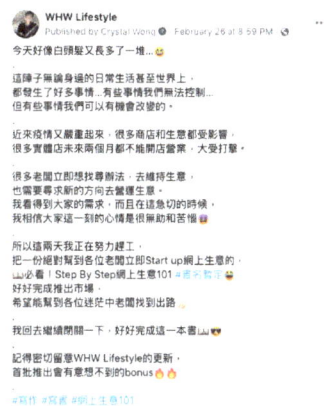

1) 文字內容推廣

用吸引的文字內容，帶出產品的故事
令潛在客戶更了解你的產品，再引領他
們去銷售平台。文字內容的好處是，你
可以從文字中帶出一些較詳盡的資訊，
讓客戶更深入了解。但其中的缺點是，
太長的文字內容未必吸引到客戶停下閱
讀，亦因為文字很難帶出感情，所以效
果上會比影片和直播低。

2) 圖片影像推廣

簡潔精美的圖片能立即吸引到
潛在客戶的注意力，停下來查
看你的推廣的資訊內容。
利用圖片推廣的好處是，客戶
能立即關注到所帶出的重點
(效果會根據圖片的設計而有
不同)，或是直接因為產品的
圖片令他們行動購買(例如衣
服、鞋的圖片)。

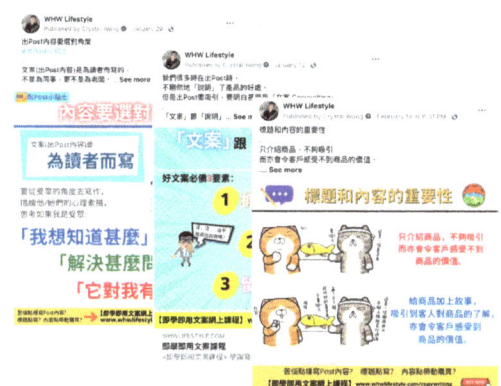

但是圖片的缺點是，不能放太多資訊在圖片內容裡，有時候簡化了的重點未必能完全
帶出你所想表達的。所以，很多時候我們會把圖片和文字內容互相配合令效果提升。

文字是所有推廣內容的靈魂，就算是影片內容，也要懂得先用文字起稿，
所以編寫文字內容是有一定的技巧，才能吸引到客戶，帶動到購買的動力。
我設計了一個【即學即用文案網上課程】，會更深入教你由標題到內容，
如何寫出能"賣"的文字。了解更多: www.whwlifestyle.com/copywriting

3) 影片內容推廣

影片內容可以說是推廣**必需的方法**，因為影片內容可以完美地把圖片和文字內容更生動地表達出來，令潛在客戶吸收的訊息更深刻。

因為聲音和影像會帶給我們更震憾的感受，而且聲音會帶出感情，例如當你想帶出品牌背後的故事時，由你親身說出來，感受更深。如果只有文字，也許能帶動到情感，但肯定沒有影片這麼深入。

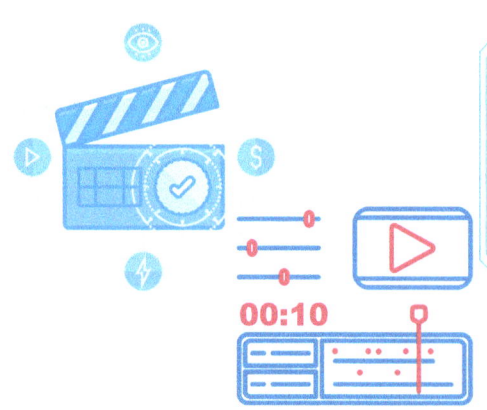

影片的缺點是，需要時間去製作和編輯，而且內容編排上也需要花心思去計劃，如果不熟悉拍片的話，影片內容會有點艱難。我建議可以學習一些拍片課程和內容編寫課程，令你能更有效率地製作影片內容。

4) 直播互動推廣

直播是一個能與**客戶建立信任和長遠關係的最好方法**。客戶直接可以接觸到你(真人)，令他們更了解你和信任你。同時間你亦能即時觀看到客戶們的反應，了解到他們的喜好等等。而且直播的好處是可以做較長的時間，方便帶出一些需要詳盡說明的資訊類別，當然亦可以進行與客戶互動的活動，例如Q&A等等。

直播的缺點是，一定需要穩定的網絡，因為斷斷續續的停滯會令客戶不再收看。而直播需要克服心理關口，因為你需要直接與陌生的客戶互動，所以很多剛剛接觸網上生意都很害怕用直播方式推廣。

我在這裡給你一個直播小貼士，「想直播？直接按直播鍵開始呢！」，一開始不要擔心有沒有人看，多人或是少人等等，你要做的就是嘗試直播，如果直播時覺得內容不好，就直接暫停和在刪除影片就可以，不用太過擔心。

因為，越多練習直播，到一天真的有大量人數觀看時，你已經準備好了！(因為如果你從未準備好，而突然有大量觀看人數，不旦令你有所驚嚇，亦可能因失誤而令客戶流失)

拍片和直播其實不是想像中那麼難，只要學識當中的技巧就很容易上手，
我設計了5日【1 Take拍片網上課程】，當中會用最簡單的方法教你如何克服鏡頭恐懼、如何編排內容和時間等等，有興趣的朋友可以去以下網址：
www.whwlifestyle.com/onetakevideo

管理和經營的時間分配

網上生意管理上比實體店容易一點，但還是要下功夫和
懂得分配時間去管理，不然很多人都遇到以下問題：

1) 分配太少時間而令到網上平台發展緩慢

2) 在已經排滿的日程上添加額外網上的營運而感覺力不從心

我把網上生意分為管理項目和經營項目，這樣當你處理和
分配時間上會容易得多。

管理方面

網上生意其實要管理的不多，當習慣後，每天大約花1小時也可以處理完畢
(也要根據你的平台的大小而定)，要管理是列表如下：

1) **與推廣平台上的客戶互動 (回覆留言、訊息等等)**

2) **分析數據 (例如推廣的post成績如何)**

3) **處理訂單**

4) **客戶服務** ✔

建議一開始先每天設定2-3小時去處理以上事
情，當網上生意建立一定的規律後，以上事情
會更容易管理，又或者可以請人來幫忙處理。
(最好先自己了解整個流程才開始請人手幫忙)

經營方面

經營項目要比較需要多的時間和預早的計劃，不然你會覺得應付不來。
因為經營項目是網上生意裡重要的一環，包括了推廣和銷售。

要經營的列表如下：

1）**建立推廣平台**
   (保持推廣平台更新、例如出post、直播、影片等等)

2）**設定推廣內容**
   (承接以上的，你要計劃和設定所推廣的內容)

3）**製作推廣內容**
   (這一部份最需要時間，所以預早計劃是必需的)

4）**銷售過程**
   (如推廣成功吸引到客戶，引流到銷售，
   就一定要預先準備銷售的過程)

以上這些項目，最好都要預先的計劃，才令實行上較為順利。

建議一星期有一天的時間，去計劃你將要推廣的內容，
內容設定方向可以從參巧以下範例：

產品/服務推出優惠

節日季節

品牌/自身故事分享

實例/成功例子分享

教學資訊分享

純銷售內容

當內容上有了大綱，就要編排推廣的時間表。
建議一天最好維持一個推廣post，但如果一開始未能習慣或時間上分配未能配合製作，
一星期也至少維持一個推廣post。要保持推廣平台的更新，才能令到客戶留意到。

WEEKLY SOCIAL MEDIA PLAN

Designed By

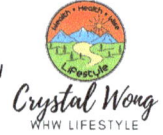

Crystal Wong
WHW LIFESTYLE

(Month: **1月**)

Thing to Focus - 新產品推出 - 銷售額提升
- 農曆新年

monday	tuesday	wednesday	thursday	friday	saturday	sunday
節日季節	教學資訊分享	品牌/自身故事分享	實例/成功例子分享	純銷售內容		產品/服務推出優惠

下載高清Weekly Social Media Plan：https://bit.ly/3IGmP5Z

如有了推廣的大致時間表後，
就要安排時間去製作所需要的推廣內容，
例如編寫文字內容、影片製作或是直播準
備等等。

如何處理大量的內容製作?

我會把準備內容分成3個Level

Level 3
每天都要花時間去準備, 但不要拖太
過長時間去"慢慢"完成, 因為只會令
這個推廣文錯過推出的最好時機。

**準備功夫比較多,
需要1-2天時間計劃**

Level 3

需要2小時以上完成

Level 2

可以在1小時內完成

Level 1

Level 1
可以先優先處理, 因為這樣確
保你已經有一定數量的推廣內
容準備好。

Level 2
在日程裡時間許可的話, 一天內完成它。
Level2類別的最好不要分兩天以上, 這些
內容例如影片類, 當靈感湧現的時候可能
拍攝得非常順利, 但無奈過了一天就好像
拍攝不到了。

Step 05: 銷售流程設計和客戶體驗

"推廣"在網上生意是最前線的一個步驟，負責引流客戶來購買，但是令客戶完成購買或提升購買金額/數量的，就需要有背後的支援，那個就是「銷售」！

銷售令人聯想到的是，有一個銷售員對你進行產品的解說再遊說你購買。
但網上生意，又不能每一件產品都能獨立請一個「銷售員」，那麼如何銷售呢？

在網上銷售，我們不一定要銷售員(如你是銷售服務類別的產品，或許需要銷售團隊去聯絡客戶)，而你需要的是一套完整的銷售流程。

ONLINE SHOPPING

甚麼是銷售流程?

銷售流程是由客戶從推廣平台進來你的網上"店鋪"後，由"推廣商品"帶領客戶加購附加商品後，再推介購買只此一次的特別優惠。

整個就是銷售流程主要目的是，增加客戶的購買金額去提升銷售方率。以上只是其中一個銷售流程的例子，根據不同的生意模式和產品類種類，銷售流程的設計可以很多元化。

以下是幾個基本銷售流程設計範例，以供參巧：

實體產品銷售流程：
星級推廣產品 -> 附加配合的產品或加購更多 ->更多優惠 (Optional)

服務銷售流程：
預約服務 -> 加推額外服務優惠或配合的商品 ->推廣或銷售更高級的服務

網上課程銷售流程：
入門課程 -> 限時Bonus -> 下一級的課程或VIP服務

每一個生意所提供的產品和服務都是獨特的，所以銷售流程也不能只跟著範本去設計，例如實體產品和網上課程也可以在銷售流程中互相配合。

如需要協助設計銷售流程和銷售系統，可以跟我預約1對1的免費咨詢，讓我了解你的生意模式、產品和服務，再給你計劃最適合你生意的銷售流程和設計專屬你的銷售系統。
www.whwlifestyle.com

客戶體驗

一個順暢的銷售流程，能大大提升客戶的體驗。

你或許嘗試過，看到推廣的廣告後，被吸引而去
了某商鋪購買該商品時，遇上疑問但銷售員幫不
上忙，付款時系統又慢又故障，或許你已經放下
商品不買了，又或許你還是買到了產品，
但是整個購買體驗並沒有留下很好的印象...

你下一次就應該不會再回去購買，
也因為不好的體驗你不會介紹給朋友。

當設計銷售流程時，我們不只是專注於銷售金額又或是把最貴的產品推廣出去，我們要
由客戶的角度去設計。例如你正推廣一支美容神仙水，客戶把神仙水放入購物車後，

你下一步會銷售以下哪款產品呢?

A) 能配合使用能達到更好效果的晚霜?
B) 還是銷售毫無關聯的高級防曬手套?

**兩者都能提升銷售額，但是客戶會希望你更明白他
們的需求，而提供最好的方案/產品/服務給他們。**

就像你去到某商店，你拿著推廣產品，
而一位銷售員過來跟你了解和推薦適合你的附加產品，
再引領你去快速順暢的付款系統，
整個購買過程非常順利，而你對今次購買體驗很好，
你未來還是會再跟這商店購買，同時亦會介紹給朋友。

客戶體驗關乎到未來客戶是否再跟你購買，
又或是會否推介給身邊的朋友，
設計一套專屬你客戶的體驗流程，
能提升客戶的回頭購買率。

Step 06: 如何簡單分析數據和獲得最新資?

分析數據讓我們知道推廣的成效和銷售的結果是否達到預期，亦了解應該在哪方面需要改善和做得更好。數據可以好多種類，亦有些可以更深入的研究，但今天我們先來分析立即幫我們了解網上生意的數據。

需要了解的數據

要知道推廣的內容是否接觸到目標客戶，基本數據分析：

接觸率

觀看次數

按讚數目

接觸率代表你的推廣內容接觸到多少人數，但這數據不代表他們有觀看你內容，這數據只能代表你的推廣內容在他們躺平台上出現過。(接觸率的高底不是我們能夠控制，都是基於你所使用的推廣平台的演算法而有所影響)

要知道推廣內容是否吸引到客戶收看，就要再分析觀看次數的數據。如**觀看次數**是接觸率的30%以上，這算是一個好的表現，越高的比例代表這推廣內容正好是客戶喜愛的類別。

而**按讚數目**的數據，是看到你和客戶之間的關係密切與否。不過現在按讚數量不能用來絕對定位推廣內容的歡迎程度，因為現在很多人都不想動動手指按讚。所以按讚只能作表面參巧，不要因為數據低而氣餒，因為我們專注的是最後銷售的成功率。

我們最關注的數據，當然是銷售成功率，因為就算推廣的內容非常吸引客戶收看和按讚，但我們希望的是客戶成功購買產品。

當收集了推廣內容的數據後，例如一個月份
量的數據，看看這個月的成功銷售有多少，
例如推廣內容接觸率是100人，
觀看次數 50人，而購買人數是10個，
那麼你的購買成功率是20%

$$\frac{購買人數}{觀看次數} \% = 購買成功率$$

以上只是簡單分析用的計算方法，足夠知道推廣的內容與銷售的成果。
如再深入的計算法加入接觸率、銷售過程接觸數據、廣告費用、客戶回購數據
等等，在這裡就不深入探討了，因為數據計算可以深入到只開一個課程說明。

如何獲得最新資訊?

網上資訊每日多不勝數，就算你不需要跟貼每一個最新資訊，但也要略略了解這陣子的新方向，讓你在所準備和計劃，又或者剛好能配合你的生意發展。

要獲得最新資訊，可以追蹤一些提供新資訊的平台或公司 (例如可以留意我們 WHW Lifestyle)，又或是在 Google 查看最新的科技新聞，如想了解指定範圍，就搜尋該範圍的關鍵字保持最新的資訊。

無時無刻了解外面情況
要比你的競爭對手快

把觀看最新資訊設定為每日其中一個要做的事項，因為一旦接觸網上生意，我們要無時無刻了解外面情況，要比你的競爭對手快，亦要現解未來的發展，去計劃現在的準備功夫。

總結

行動吧!!

要開始你的網上生意，第一步是行動!

很多人不斷地看資料或是學習，雖然是一件非常好的事情，
但是沒有把學到的實踐出來，就會很浪費。

希望當你了解到如何去開始你的網上生意後，
立即開始行動起來!

不要再猶豫不決了，因為當你停下來思考的時候，
有很多人，甚至你的競爭對手都已經正在實踐中。

網上生意是未來必需的發展方向，所以快速地踏出第一步，開啟你的網上市場，
向著更豐盛的未來出發!

加油!

後話

多謝你閱讀這一本書，希望我所寫的資訊能令你開始網上生意之旅！

我想在這裡分享一些我的經驗，和我接觸過的客戶所面對過的問題，
希望這些經驗能令你對網上生意有更深的了解和遇到相同問題時不要擔心。

在我建立網上生意過程時，開始永遠不是想像中那麼順利，這是絕對正常的情況，
不過我因為心急，所以當一個方法行不通時，我立即去改變，用另一方法再試，但
改變得太快了，我都沒給機會這些方法沉澱和成長，而令到剛開始時的網上生意方
向很混亂，客戶都不清楚究竟是推廣甚麼。所以千萬別跟我犯同樣的錯誤，網上生
意就像種菜一樣，要慢慢經營，才能看到收成。
切忌心急！

如上提到，網上生意就如種菜，但不同品種的菜所成長的速度不一樣，有一些可以
2-3星期就收成了，一些菜可能要3個月才能收成，所以別要跟旁邊的人比較，因為
大家所種的不一樣(產品/服務/推廣方式不一樣)，我們只要好好經營好眼前的會看到
收成，一定要堅持和不要放棄！

菜苗是需要時間才能看到，但一早出苗了就成長很快，這是大自然的法則，亦能用
於建立網上生意上。

想分享其中有一位客戶所遇到的情況，他用了2年多去建立自己的網上生意，慢慢
地擁有自己的方式和推廣方法，亦吸引了跟隨他理念的客戶支持，但因為某些時間
過於繁忙，少了在推廣平台上做直播，而在短短2個月的時間而已，客戶接觸率和
收看率明顯地下降了。所以，我希望大家堅持著每天建立自己的網上生意，因為網
上世界發展很快，人們也很善忘的，如果你沒有與客戶互動，很快別人就忘記你
了。又或者被其它競爭者搶先一步了。

最後，我想在這裡多謝一直在背後支持我的家人和朋友，多謝爸爸和媽媽任由我去
開啟網上生意之旅，縱然他們都不了解是甚麼，但仍然支持著我。多謝我的伴侶，
一直無怨言的支持我發展事業，也沒怪我有時候忙到沒時間煮飯，哈哈。我亦想在
這裡特別多謝我的Owl Buddy的支持，沒有她的支持，今天這本書不會出現，好感
恩好榮幸地認識到她。

也衷心多謝購買這書和支持我的你！WHW Lifestyle會繼續為大家服務！

在此，我送上一個美好的祝福，
希望你的網上生意美好的發展，
讓你的產品/服務可以幫助到更多的人。

Crystal Wong上

WHW Lifestyle

SALES FUNNEL EXPERT

www.whwlifestyle.com

whwlifestyle

whw.lifestyle

WHW Lifestyle

www.ingramcontent.com/pod-product-compliance
Lightning Source LLC
Chambersburg PA
CBHW040112180526
45172CB00010B/1315